Reiseführer Palma de Mallorca

Die andere Seite von Palma

von

Stefan Wahle

und

Tanja Wahle

Impressum

©2016-2021 Copyright by Stefan Wahle, Berlin

6. Auflage 2021

Texte: Tanja und Stefan Wahle
Fotos + Umschlaggestaltung: Stefan Wahle, Berlin

E-Mail: info@sw-reisebuch.de
Internetseite: www.sw-reisebuch.de

Fan-Page zum Buch bei Facebook:
http://www.facebook.com/palma.de.mallorca.urlaub

Unser Reiseblog: www.reise-blog-wahle.de

Verlag und Herstellung:
BoD – Books on Demand, Norderstedt

ISBN: 978-3-7412-8573-8

Inhaltsverzeichnis

1.	Vorwort
2.	Anreise
2.1.	Klassische Pauschalreise
2.2.	Individual
2.2.1.	Flugzeug, Taxi/Bus/Mietwagen
2.2.2.	Eigenes Auto, Fähre
3.	Hotels
3.1.	Hotel Joan Miró Museum (ehem. Hotel Dalí)
3.2.	Hotel BQ Augusta
3.3.	Hotel Valparaiso Palace
4.	Strände
4.1.	Stadtstrand Platja Ca´n Pere Antoni
4.2.	Platja Cala Major
4.3.	Cala Nova
4.4.	Playa de la Buguenvil.lia
4.5.	Platja de Illetes / Balneario Illetas
4.6.	Playa Cala Comtesa
4.7.	Playa Illetas Militar (Es Fortí y Cala Xinxell)
5.	Lokale
5.1.	Bars und Cafés
5.2.	Restaurants
5.3.	Diskotheken und Clubs
6.	Sehenswürdigkeiten
6.1.	Kathedrale "La Seu" und Parc de la Mar

6.2.	"Passeig des Bornes" (Paseo del Borne)
6.3.	Markthalle Mercat de l´Olivar
6.4.	Plaça Mayor mit Altstadtgassen
6.5.	Castillo de Bellver
6.6.	Schloss San Carlos
6.7.	Seehandelsbörse „Sa Llotja"
6.8.	Arabische Bäder (Banys Arabs)
6.9.	Diverse Museen
6.10.	Diverse Parks
6.11.	Straßen: Jaume III, La Rambla
6.12.	Markthalle Mercat de Santa Catalina
6.13.	Special 2016: Besichtigung der Dachterrassen der Kathedrale
7.	Ausflüge / Touren
7.1.	Paguera / Peguera
7.2.	Santa Ponsa / Santa Ponça
7.3.	Ca´n Picafort, Port d´ Alcúdia, Port de Pollença
7.4.	Sóller, Port de Sóller
7.5.	Manacor, Portocristo und die Höhlen
7.6.	Valldemossa
8.	Karten von Palma de Mallorca
9.	Karte Mallorca
10.	Wichtige Kontakte + Feste

1. Vorwort

„Wir fahren dieses Jahr nach Mallorca. Ach, an den Ballermann?!" Wer kennt sie nicht diese Reaktion auf Mallorca, meistens allerdings, wie man auf Nachfragen merkt, hauptsächlich von Menschen, die noch nie auf Mallorca waren.

Palma de Mallorca, ja, das ist, unbestreitbar, auch der „Ballermann", aber eben lange nicht nur das. Wer Mallorca mag, sollte sich Palma wenigstens einmal für mehrere Tage, wenn nicht Wochen gönnen. Je länger der Aufenthalt in dieser zauberhaften Stadt dauert, je mehr erliegt man ihrem Charme. Wenn man in einem Küstenort auf Mallorca Urlaub macht, ist Palma häufig nur Lande- und Startplatz. Wer vom Osten in den Westen Mallorcas fährt, um z.B. einen Ausflug zu machen, für den ist Palma hektisch, voll von Autos und verpassten Abfahrten. Wer sich aber die Zeit nimmt, sich der eigentlich viel langsameren Geschwindigkeit dieser Stadt anzupassen, der wird in ihren Bann geraten.

Palma de Mallorca, diese Stadt der Philosophen, Künstler und nicht zuletzt auch Seefahrer, deren Hafen Porto Pí von je her hellerleuchtet war, damit die Seefahrer auch in der dunkelsten Nacht wieder heimfanden. Auch heute ist Porte Pí noch sehenswert, schon wegen der täglich neu anlegenden Kreuzfahrtschiffe und dem vorgelagerten Yachthafen.

Mit ca. 400.000 Einwohnern leben etwa die Hälfte der Einwohner Mallorcas in Palma. *La* Ciutat, wie sie von den

Mallorquinern genannt wird, wurde 123 von den Römern gegründet und nach der Siegespalme *palmeria* benannt. Nordwestlich der Stadt liegt die Serra de Tramuntana, nordöstlich trennen Palma de Mallorca von der zentralen Ebene einige Hügelketten. Nach Osten erstreckt sich der Sandstrand Platja de Palma über ca. 10 km nach S`Arenal.

Das Zentrum der Stadt bildet die historische Altstadt innerhalb der 1902 abgerissenen Stadtmauern. Den Verlauf der alten Befestigungen kann man heute noch an der dort platzierten Ringstraße nachvollziehen. Drumherum folgt ein ca. 2 km breiter Gürtel dichter städtischer Bebauung bis zum umspannenden Autobahnring der Ma-20. Noch weiter außen liegen dann die Vororte und Gewerbegebiete, die zum Teil zur Gemeinde Palma gehören bzw. eigene Gemeinden bilden.

Wir haben uns in diesem Reiseführer ganz bewusst die „andere Seite" von Palma vorgenommen. Die Seite, fernab der Partymeile am Ballermann. Wer zum Feiern nach Mallorca kommt wird dort eine gute Zeit haben.

Allen anderen empfehlen wir Palma zu erleben, mit dem was es ausmacht: Menschen, Musik, Gerüche, Essen & Trinken und Farben. Palma lässt sich am besten mit dem Bus oder zu Fuß erkunden; das erspart auch die Hektik des Autoverkehrs und des Parkens.

Ein Besuch der Markthalle ist eigentlich ein Muss. Die Halle lädt ein zum Gucken und Staunen. Wer Lust hat auf einen kleinen Imbiss mit einem guten Glas Wein, der wird hier fündig. Die verkehrsfreie Altstadt Palmas ist voll von Musik. An jeder Straßenecke machen Musiker den Besuch von Palma zu einem besonderen Erlebnis. Wenn man sich die Zeit nimmt, sich darauf einzulassen, führen einen nicht nur spanische Klänge, sondern durchaus auch Bob Marley und John Lennon durch Palma.

Wer in Palma ankommt, tut gut daran mal einen Gang runterzuschalten. Ein Tagesprogramm in Palma kann durchaus daraus bestehen, die Markthalle zu besuchen, etwas zu frühstücken, an der Kathedrale entlang zu schlendern, in Palmas Altstadt zu bummeln und dann am späten Nachmittag wieder ins Domizil zurückzukehren; für eine kleine Verschnaufpause, um sich dann frisch ausgeruht in das Nachtleben Palmas zu stürzen, wenn man denn will. Ansonsten kann man auch an einem der zahlreichen Strände und Buchten bis in den Westen von Palma (Cala Major) bei einem Sundowner einen perfekten Palma-Tag ausklingen lassen.

Wir beschreiben in diesem Buch unsere ganz persönlich gemachten Erfahrungen mit und in der Stadt Palma. Besichtigungszeiten und Preise unterliegen jedoch ständigen Veränderungen und können natürlich nicht garantiert werden. Auch die Wirtschaft ist schnelllebig. Ein Restaurant, das es heute noch gibt, ist morgen schon Vergangenheit. Wir bitten um Verständnis! Gerne nehmen wir konstruktive Kritik und Hinweise Ihrerseits per E-Mail entgegen: info@sw-reisebuch.de

2. Anreise
2.1. Klassische Pauschalreise

Die klassische Pauschalreise ist wohl die komfortabelste Art des Reisens, da man sich praktisch um nichts kümmern muss. Das fängt bei vielen Reiseveranstaltern schon damit an, dass die Zugfahrt zum gebuchten Flughafen inbegriffen ist. Man muss sich nicht weiter um den Flug kümmern und wird bereits am Zielflughafen Palma von einem Reiseleiter erwartet, der einem den Bus direkt zum Hotel zuweist. Vor Ort erfolgt ebenso eine deutschsprachige Reisebetreuung durch den Veranstalter, der bei Problemen oder Sonderwünschen zur Stelle ist. Rechtzeitig vor Urlaubsende wird man über den Rücktransfer zum Flughafen Palma informiert. Alles ist von dritter Seite organisiert und man kann sich im Urlaub einfach nur entspannt zurücklehnen.

Diese Abgabe der Urlaubsverantwortung hat allerdings auch Nachteile, über die man sich im Klaren sein muss. Man kann sich zum Beispiel seine Fluggesellschaft nicht aussuchen und oftmals sind die Flugzeiten sehr unattraktiv. Schlimmstenfalls kommt man nachts um zwölf im Hotel auf Mallorca an und reist am Ende des Urlaubs bereits in den frühen Morgenstunden wieder ab. Dadurch verliert man ganze zwei Tage, was man bei Eigenorganisation anders optimieren kann. Es gibt also gute Gründe für „selbst ist der Mann / die Frau".

2.2. Individual-Anreise
2.2.1. Flugzeug, Taxi/Bus/Mietwagen

Im Gegensatz zur Pauschalreise kann man natürlich auch alles individuell und separat im Internet oder Reisebüro buchen. Man sucht sich das Hotel aus, wählt seine Lieblings-Fluggesellschaft, die durchaus Qualitätsunterschiede aufweisen (Sprache, Essen, Sitzplatzreservierung etc.), und vor allen Dingen kann man die Flugzeiten optimieren. So würde man z.B. bei der Anreise den ersten Flug in der Hauptsaison um 06.00 Uhr nehmen und den Rückflug um 20.00 Uhr wählen. Dadurch hätte man zwei zusätzliche Urlaubstage gewonnen.

Vor Ort in Palma entfällt der betreute Transfer und es stehen mehrere Auswahlmöglichkeiten für die Anreise zum Hotel zur Verfügung. Die einfachste Möglichkeit wäre, sich ein Taxi zu nehmen. Wir sind in unserem Test mit dem Taxi vom Flughafen in den Randbezirk Cala Major gefahren und haben ca. 28,-- EUR für eine Tour bezahlt. Im Vorwege auch online buchbar: www.mallorca-taxi.com. Auch das haben wir für die gleiche Strecke nach Cala Major getestet und noch 2 EUR gespart. Wenn Sie ein Hotel im Stadtzentrum oder noch näher am Flughafen an der Playa de Palma haben, wird es nochmal günstiger.

Wenn man den Sicherheitsbereich verlassen hat, so findet man in der Ankunftshalle einen Schalter, wo ein Bustransfer gebucht werden kann. Damit man nicht zu viel Zeit mit dem Warten auf den nächsten Bus verbringt, sollte man den Transfer schon Zuhause übers das Internet buchen. Die Kosten bewegen sich pro Person zwischen 10-20 EUR.

Hier einige Kontaktvorschläge:
www.urlaubstransfers.de;
www.shuttledirect.com/de/flughafen/PMI/;
http://de.resorthoppa.com;
http://www.palma-airport-transfers.com/german/

Man kann natürlich auch direkt den Linienbus vom Flughafen Linie 1 zum Plaça de Espanya in die Innenstadt von Palma nehmen (Ticketpreis bis Mai 2016 von EUR 3,-- ab Mai 2016 auf 5,-- pro Person und Fahrt). Von dort aus fahren dann diverse Busse (für 1,50 EUR pro Person und Fahrt, beim Umsteigen muss ein neues Ticket gelöst werden) kreuz und quer durch die Stadt. Man sollte sich jedoch bereits von Zuhause aus einen Überblick verschaffen, welche Linie zum eigenen Hotel fährt. Infos vom Dienstleister "Empresa Municipal de Transports Urbans de Palma de Mallorca S.A." (EMT) im Internet auf der Webseite:
http://www.emtpalma.es/EMTPalma/Front/index.de.jsp
oder
Telefon: (+34) 971 21 44 44
Fax: (+34) 971 29 51 30
E-Mail: usuaris@emt.a-palma.es

Wer sich für einen Mietwagen entscheidet, sollte dies insbesondere in der Hauptsaison schon von Zuhause aus erledigen. Dafür empfehlen wir das Portal www.booking.com. Dieses hat zahlreiche Anbieter vor

Ort im Angebot und Sie können die Preise vergleichen. Bedenken Sie bitte, nicht immer ist der günstigste Anbieter auch der bessere. Vergleichen Sie das Gesamtangebot (insbesondere die Versicherungsleistungen, Service, Ärger bei Rückgabe etc.) und insbesondere die Bewertungen der Kunden. Bei der Versicherung sollte man nicht sparen und das Portal bietet günstige Pakete an. Das erspart Ihnen im Falle eines Unfalles viel Ärger und Kosten. Die Versicherungspakete kann man auch vor Ort beim Vermieter buchen, allerdings sind diese um ein Vielfaches teurer! Die Einwegmiete ist in der Regel nicht möglich, so dass Sie den Wagen für den gesamten Urlaub anmieten müssten. Das macht natürlich bei einem 2-3-wöchigen Aufenthalt aus Kostengründen keinen Sinn.

2.2.2. Eigenes Auto, Fähre

Die Anreise mit dem eigenen Auto unter Nutzung einer Fähre ist insgesamt zum einen aufgrund der langen Fahrtzeit (bis zu 2 Tage für eine Strecke) sehr stressig und auf der anderen Seite durch Benzinkosten, Maut in Frankreich und Spanien, eventuellen Übernachtungskosten sowie den Kosten für die Fähre doch verhältnismäßig teuer und anstrengend. Das lohnt eigentlich nur bei längeren Aufenthalten auf der Insel, bei denen man auf das eigene Auto dann vielleicht nicht verzichten will.

Es fahren Fähren nach Mallorca ab Barcelona, Valencia und Dénia. Aktuelle Informationen zu Preisen und

Abfahrtzeiten erhalten Sie direkt bei den Fährgesellschaften:
www.balearia.com
www.iscomar.com
www.trasmediterranea.es

3. Hotels
3.1. Hotel Joan Miró Museum (ehem. Hotel Dalí)

Das Hotel mit 97 Zimmern hieß früher Hotel Dalí und wurde 2015 im Rahmen einer Komplettrenovierung in Hotel Joan Miró Museum umbenannt. Es liegt in der Nähe des Palacio de Marivent, dem Wohnsitz des Königs, wenn er auf Mallorca verweilt. Nur 200 m entfernt befindet sich das Museum Fundación Pilar i Joan Miró.
Die Zimmer sind nach der Renovierung sehr schön geworden, klimatisiert, haben einen Balkon und die Lage des Hotels ist etwas erhöht zentral in Cala Major. Die Zimmer sind top, der Preis ist für ein Stadthotel in Palma in Ordnung. Vielfach blicken Sie in Richtung Meer.

Die Freundlichkeit und Servicebereitschaft des Empfangs haben sich in den letzten Jahren deutlich gesteigert. Deutsch wird leider nicht gesprochen. Verzichten Sie auf alle Fälle auf Halbpension. Das Frühstück ist mittlerweile (Stand 2019; Preis 12 Euro) sehr gut geworden. Ansonsten essen Sie außerhalb. So lernen Sie auch gleich die Lokalitäten Palmas kennen.

Es gibt einen schönen Außenpool, freies WLAN, Sat-TV und einen Safe (kostenlos). Das Einkaufszentrum Porto Pí ist nur ca. 1 km entfernt. Die Bus-Linien 46 und 3 bringen Sie direkt in die Innenstadt. Mit dem Auto sind Sie in 10 Minuten da. In den Seitenstraßen rund um das Hotel sind Parkplätze durchaus zu finden, was ansonsten in Palma oftmals schwierig ist.
Anschrift: Calle Bartolomé Fons 8, 07015 Palma de Mallorca. Internetseite: http://de.hoteljoanmiro.com/

1 Doppelzimmer

2 Bad

3.2. Hotel BQ Augusta

Das 2014 renovierte BQ Augusta Hotel verfügt über 74 Zimmer und gehört zu der Hotelkette „BQ Hoteles". Es gibt einen sehr schönen Außenpool mit einer Sonnenterrasse. Einige der Zimmer bieten vom Balkon aus einen Blick über die Stadt Palma. Die Studios und Apartments sind mit einer Küchenzeile ausgestattet.
Das BQ Augusta Hotel offeriert ein reichhaltiges Frühstücksbuffet. Leichte Mahlzeiten erhalten Sie in der Cafeteria und eine Bar lädt zum Entspannen ein.
Bis in die Altstadt von Palma fahren Sie etwa 10 Minuten mit dem Auto. Kostenfreie Parkplätze an der Unterkunft sind vorhanden.
Bei unserem Besuch in diesem Hotel wurden wir äußerst freundlich und auf Deutsch begrüßt. Im Bad gab es reichlich Utensilien: Zahnbürste mit Zahnpasta, Rasierer + Creme, Kamm Duschgel, Shampoo etc.. Und in der Dusche fanden wir erstmalig in unseren bisherigen Hoteltests eine „Ablage" in der Dusche! Im Zimmer gab es eine 24-Stunden-Steckdose, die auch ohne Zimmerkarte funktioniert, Sat-TV und einen Safe. Das kostenlose WLAN war auch außergewöhnlich schnell für spanische und Hotel-Verhältnisse. Das Frühstück mit Büfett war das bisher beste getestete! Einziges Manko ist die hohe Berglage. Man muss zum Einkaufszentrum Porto Pí, zum Bus und zum Strand von Cala Major vom Berg herunter und später wieder herauf wandern. Insbesondere im Hochsommer eine schweißtreibende Aufgabe! Anschrift: Corb Mari 22, 07015 Palma de Mallorca. http://www.bqhoteles.com/de/Hotels/Mallorca-Palma/BQ-Augusta-Hotel

3 Zimmer

4 Bad

3.3. Hotel Valparaiso Palace

Das GPRO Valparaíso Palace & Spa ist ein äußerst luxuriöses 5-Sterne-Hotel mit 174 Zimmern im exklusiven, abgeschiedenen Viertel Bonanova in Palma de Mallorca. Hier erwarten Sie das größte Spa Mallorcas mit kostenlosem Zugang, schöne Gärten und eine herrliche Aussicht.

Die modernen Zimmer verfügen über einen eigenen Balkon mit einer spektakulären Aussicht auf die Stadt, die Bucht oder die Berge. Sie sind geräumig, klimatisiert und mit Sat-TV, einer Minibar und Bademänteln ausgestattet.

Der Wellnessbereich umfasst einen sehr großen beheizten Pool, eine Sauna und einen Whirlpool. Ein Dampfbad, ein Fitnessraum, eine Eisgrotte und eine Vitaminbar sind ebenfalls vorhanden.
Das Hotel liegt inmitten einer 22.800 m² großen Gartenanlage, hoch über der Stadt und Bucht von Palma. Zu den Einrichtungen gehören Tennis-Plätze, 2 große Swimmingpools sowie eine im Sommer ganztägig geöffnete Poolbar.
Das Gourmetrestaurant Paraiso im Valparaiso serviert ein abwechslungsreiches Frühstücksbuffet. Die auf Show-Küche spezialisierten Küchenchefs bereiten vor Ihren Augen mediterrane Gerichte mit frischen Zutaten vom Markt zu. In der Bistro-Bar mit einer Terrasse am Pool können Sie Ihr Mittagessen, Abendessen, leichte Snacks und Getränke genießen. Anschrift: Francisco Vidal Sureda 23, 07015 Palma de Mallorca.
Internetseite: https://www.gprovalparaiso.com/?lang=de

5 Zimmer

6 Bad

4. Strände
4.1. Stadtstrand Platja Ca´n Pere Antoni

7 der Stadtstrand von Palma, nur ca. 1 Km von der Kathedrale entfernt

Dieser Sandstrand ist 750 m lang und 50 m breit. Er liegt ca. 1 Km östlich der Kathedrale „La Seu". Folgen sie einfach meerseitig dem Paseo Marítimo in östlicher Richtung. Hier baden die Stadtbewohner nach der Arbeit mit ihren Kindern. Gleich zu Beginn des Strandes liegt das Restaurant / der Beachclub „Anima Beach". Hier können Sie nicht nur schön sitzen, sondern es gibt auch Liegen exklusiv für Gäste! Zwischen Promenade und Strand verläuft ein breiter Radweg, der sich kilometerweit hinzieht. Vorsicht beim Überqueren, Rennradfahrer unterwegs!

4.2. Platja Cala Major

8 Blick von den Treppen über der Bucht von Cala Major

Dieser stark durch Bebauung eingefasste Sandstrand ist 250 m lang, 40 m breit und ist der erste große Strand westlich von Palma. An diese Bucht angrenzend befindet sich die Residenz des Königs „Marivent". Vielfach führen nur schmale, unscheinbare Treppen zwischen den Häuserschluchten zum Strand von Cala Major. Barrierefrei erreicht man ihn nur vom westlichen Bereich aus über die Straße C/Gavina. Der Sand ist fein und das Wasser flach. Durch die offene Lage zum Meer herrscht häufig Wellengang. Es findet eine intensive Bewachung durch Rettungsschwimmer statt. Für das leibliche Wohl sorgen eine Strandbar und das Restaurant des angrenzenden Luxushotels „Nixe". Erreichbar mit Bus 3.

4.3. Cala Nova

9 kleiner Strand am Hafen von Sant Agustí

Dieser Kiesstrand ist nur 15 m lang und 5 m breit und liegt direkt am Yachthafen von Sant Agusti. Er besteht aus feinem Kies, groben Sand und ein paar Felsen. Es gibt keine Bewachung und keinerlei Service vor Ort. Der Meeresboden ist leider etwas steinig. Es ist der letzte Strand im Westen der Gemeinde Palma. Erreichbar mit der Buslinie 3, die bis Illetas /Ses Illetes fährt und auch die weiteren Strände anfährt.

Wer Hunger oder Durst verspürt, muss den Strand verlassen und an der hinter dem Strand verlaufenden Straße auf eine der Bars zurückgreifen.

4.4. Playa de la Buguenvil.lia

10 im Hintergrund zentral das Hotel Maricel

Dieser kleine Strand liegt nach Sant Agustí weiter westlich in Richtung Illetas und ist der erste, der zur Gemeinde Calvià gehört. Hinten zentral im Bild ist das Luxushotel Hospes „Maricel" (www.hospes.com) zu sehen, in dem schon Bill Clinton genächtigt haben soll. Die Zimmerpreise beginnen ab 300,-- EUR aufwärts. Direkt am Strand auf den Felsen befindet sich das Restaurante Bugambilia mit allerdings etwas erhöhten Preisen, dafür sitzt man direkt am Wasser.

4.5. Platja de Illetes / Balneario Illetas

11 direkt hinter dem Restaurant Balneario Illetas/ Beachclub Las Terrazas

Hinter dem Restaurant Balneario Illetas / Beachclub Las Terrazas (www.balnearioilletas.com) liegt der Strand Illetas / Illetes mit feinem Sand und flachem Wasser. Er ist 200 m lang und 40 m breit. Es gibt hier mehrere Restaurants, einen Tretbootverleih sowie eine Bewachung durch Rettungsschwimmer. Die Bucht ist gut geschützt, selbst wenn es in der nachfolgenden Cala Xinxell sehr windig ist, ist es hier angenehm windstill. Das Umfeld besteht größtenteils aus Apartmenthäusern. Erreichbar mit Buslinie 3 Richtung „Ses Illetes".

4.6. Playa Cala Comtesa

12 der etwas kleinere Nachbar des Platja de Illetes

Der kleine Nachbarstrand des Platja de Illetes ist nur 50 m lang und 20 m breit. Es gibt hier Strandbewachung und eine Strandbar. Der Sand ist fein und das Wasser hat eine wunderschöne blaue Farbe.
Auch hier fährt der Bus der Linie 3.

4.7. Playa Illetas Militar (Es Fortí y Cala Xinxell)

13 sehr schön gelegen auf einer Landzunge in der Cala Xinxell

Dieses ehemalige Militärsperrgebiet auf der Landzunge „Es Fortí" an der Cala Xinxell verfügt über einen wunderschönen Strand mit kleiner Strandbar und Liegenverleih. Vorgelagert ist eine romantische kleine Insel mit fotogenem Turm darauf. Leider ist es am Strand aufgrund der vorgelagerten Lage oftmals sehr windig. Man folgt der Straße durch Illetas bis zum Ende an der Küste entlang. Dann muss man links am Militärclub vorbei über die Felsen hinab klettern, um auf die Landzunge zu gelangen. Leider ist dieser Strand kein Geheimtipp mehr und insbesondere am Wochenende durch Einheimische gut besucht. Dennoch lohnt ein Abstecher hierher immer!

5. Lokale

Bars / Cafés

Bar Bosch am oberen Ende des Passeig des Born am Plaça Joan Carles I., stadtbekannt, immer voll. Zwei Türen weiter gibt es einen Mc Donald´s mit Mc Café und ebenso schöner Terrasse.

Boutique del Gelato am Paseo Marítimo Höhe Nr. 31 unterhalb des Hotels Victoria in der Nähe von Tito´s. Drei Kugeln Eis im Pappbecher für ca. 2,60 EUR und einen Cappuccino für ca. 1,80 EUR genial lecker!

BRISAS Pizzeria – Restaurante Plaça Major 3; wir haben einen Café con leche für 2,50 EUR genossen und dabei das bunte Treiben der Gaukler auf dem Platz verfolgt. Sehr unterhaltsam!

Forn des Teatre, Bäckerei und Café. Hier gibt es natürlich auch das mallorquinische Traditionsgebäck „Ensaimadas". Hierbei handelt es sich um ein mit Puderzucker bestreutes, schneckenartiges Hefeteiggebäck. Lage: Plaça Weiler 9. **Wichtiger Hinweis:** Hat aufgrund von drohenden Mieterhöhungen im Frühjahr 2017 geschlossen. Eine Tradition geht zu Ende…wir berichteten auf unserer Facebook-Seite darüber. Die tolle Fassade steht aber…noch…

Forn Son Ferriol Pastisseria, nettes Café zentral am PZA Porta Pintada 3, nähe Plaça de Espanya gelegen, mit sehr günstigen Preisen. Café con leche für 1,40 EUR!

Grand Café Cappuccino diverse Zweigstellen in Palma: unter dem „Palau March Museu" der Fundacion Bartolomé March; mit einem grünen Hofgarten in der Carrer Sant Miquel 53; Paseo Marítimo 1/Ecke Monsenyor Palmer; am Borne; Carrer Colom; Plaça Weyler; Plaça Cort direkt gegenüber dem Rathaus im ersten eigenen „Hotel Mamà" der Gruppe (seit 2019); www.grupocappuccino.com; Gute Produkte, erstklassiger Service, jedoch nicht ganz billig!

Pelícano Beach Club direkt am Strand von Cala Major. Schattige Sitzplätze mit grandiosem Blick über Strand und Wasser, dichter geht es nicht! Café con leche für 2,10 EUR. Tintenfischringe mit Pommes und eine Cola 18,-- EUR. Tel. 971 400 089

The Guinness House direkt am künstlichen See des Parc de la Mar am Fuße der Kathedrale gelegen. Nicht ganz billig, aber aufgrund der Lage und der schönen Aussicht sollte man sich das mal gönnen. Wir haben für einen Cappuccino 4,50 EUR (!) bezahlt. Der Kuchen kostet 6,-- EUR.
Tel. 971 717 817

Diskotheken

El Divino in der Avinguda Gabriel Roca 33, Do-Sa 23-6 Uhr, Eintritt ab 25 Jahren, www. eldivinomallorca.com

Pacha Gabriel Roca 42, www.pacha.com/pacha-mallorca, in den ehemaligen Räumlichkeiten der Disco Abraxa; **Achtung**: hat seit 2017 geschlossen!!!

Tito´s zwischen Paseo Marítimo und Plaça Gomila, Do-Sa ab 24.00 Uhr geöffnet, Eintritt ab 10,-- EUR. www.titosmallorca.com; Bushaltestelle direkt vor der Tür: Paseo Marítimo 33 Linie 1 + 41 in der Nacht.

Aktuelle Infos zu Discos und Clubs auf der Insel finden Sie auf der Internetseite des Hamburger Nightlife-Experten Christian Osterkamp: www.mallorca-nights.com

Restaurants

Blockhouse, der Klassiker für Steaks am Passeig Mallorca Nr. 16, der entlang des Torrente Sa Riera verläuft. www.block-house.es; ab 2017 jetzt auch im Einkaufszentrum Porto Pí mit Aussenterasse und Blick auf den Hafen

Hard Rock Café Mallorca, Passeig Marítim/Ecke Monsenyor Palma 2, tgl. 10-1 Uhr geöffnet; schöne Terrasse mit Blick auf Hafen, Fan-Shop

Das Restaurant **IL PARADISO** Marivent ist ein hochgelobter Italiener mit sehr schönem, edlem Ambiente und Meerblick über die Bucht von Cala Major im Westen Palmas. Allerdings nicht ganz billig. Tagesmenü ab 25-29 EUR. www.ilparadiso.es; Lage: Joan Miro 243; Reservierung unter: 971 103 379.

Picola Italia Ristorante & Pizzeria, Avda. Gabriel Roca 27; mit Blick auf den Hafen kann man hier sehr gut italienisch speisen; in der verglasten Küche werden die Nudeln selbst handgefertigt

6. Sehenswürdigkeiten
6.1. Kathedrale "La Seu" und Parc de la Mar

Wir starten vom Plaça d´ Espanya aus, dem Platz mit dem Denkmal, und biegen dann links in die "Carrer de Sant Miquel" ein. Dann immer geradeaus durch die Alt-Stadt, über den Plaza Mayor de Palma, weiter durch die "Carrer de Colom" und nachfolgend durch die "Carrer del Palau Reial" bis zur Kathedrale "La Seu".
Die Kathedrale mit angeschlossenem Museum kann für 7, -- EUR besichtigt werden. Es gibt viele kleine Kapellen und kirchliche Kunstwerke zu bestaunen. Es lohnt sich! Bitte denken Sie dabei an angemessene Kleidung für ein derartiges Haus.
Aktuelle Infos zu Öffnungszeiten und Preisen: http://www.catedraldemallorca.info

Nach der Besichtigung gehen wir die Treppen hinunter zum Parc de la Mar mit dem künstlichen See und der Fontäne. Seien Sie vorsichtig, sollten Sie hier auf die sogenannten Blumenfrauen treffen. Diese freundlichen Damen stecken Ihnen Blumen an und versuchen Sie dann anschließend um Ihr Bargeld zu erleichtern. Diese Masche ist seit Jahrzehnten bekannt, scheint jedoch noch immer zu funktionieren. Mal ganz ab von diesem Sicherheitshinweis ist dieser Ort einfach an Atmosphäre kaum zu übertreffen. Es gibt Straßenverkäufer, Straßenkünstler, Maler denen man bei der Arbeit zusehen kann und manchmal auch für kleines Geld eine individuelle Urlaubserinnerung, die man mit nach Hause nehmen kann. Direkt am See mit Blick auf die Kathedrale gibt es das Lokal „The Guinness House".

14 Besichtigung der Kathedrale von Palma de Mallorca

15 „Parc de la Mar" mit künstlichem See und Fontäne

16 Innenraum der Kathedrale von Palma

17 eine der wunderschönen Kapellen in der Kathedrale

6.2. "Passeig des Born"

Vom Parc de la Mar mit dem künstlichen See aus biegen wir dann rechts ab in die "Avinguda d'Antoni Maura" und gehen weiter geradeaus über den Kreisverkehr hinweg in die berühmte Flanier- und Einkaufsmeile "Passeig des Born". Insbesondere die großzügige Fußgängerzone in der Mitte der Straße mit den herrlichen Baumreihen und schattigen Sitzplätzen sollte man gesehen haben. Mag sein, wir sind vergnügungssüchtig, aber auch hier kann man sich mal wieder auf ein Käffchen niederlassen, um zu entspannen und, wer es so gerne mag wie wir, „Leute zu gucken". Hier herrscht ein buntes Treiben von Spaniern und Touristen. Rechts und links befinden sich zahlreiche Edelgeschäfte. Am Ende des Born ist der Pl. Joan Carles I.

18 Passeig del Born von der Seite Pl. Joan Carles I aus gesehen

6.3. Markthalle Mercat de l´Olivar

Bewegt man sich vom zentralen Plaça Major auf der Carrer de Sant Miquel mit ihren vielen Einzelhandelsgeschäften rechts und links durch die Altstadt in Richtung Plaça d´Espanya, so findet man auf etwa halber Strecke auf der rechten Seite hinter der Kirche Sant Antoni Abat den Plaça del Olivar, an dem die gleichnamige Markthalle mit der Hausnummer 4 liegt. Sie ist Mo-Sa von 09.00 - ca. 13.30 Uhr geöffnet. Hier kaufen viele Gastronomen ihre frische Ware ein und insbesondere die Fischhalle beindruckt mit ihrem reichhaltigen Angebot. An Sushi-Ständen oder der Bar del Peix kann direkt gespeist werden. Aber auch wer günstige Souvenirs sucht, wird hier fündig. In der oberen Etage befindet sich ein weniger spektakulärer Supermarkt „Mercadona".

19 Fischhalle

6.4. Plaça Mayor mit Altstadtgassen

Zentral in der Altstadt Palmas umgeben von Fußgängerzonen liegt der Plaça Mayor. Der geflieste Platz ist von diversen Cafés und Restaurants rundherum gesäumt, in die man einkehren und bei einem Café con leche dem bunten Treiben zuschauen kann. Hier tummeln sich Gaukler und zu fotozwecken lebendige Statuen. Montags, freitags und samstags findet dort am Vormittag ein Kunst- und Handwerkermarkt statt. Oftmals mit nur wenigen Ständen jedoch mit sehr interessanten Angeboten für außergewöhnliche Mitbringsel für die Lieben zuhause. Manchmal werden hier auch Bühnen aufgebaut und Feste gefeiert. In Richtung Markthalle Mercat de l´Olivar verläuft als Fußgängerzone die C/ de Sant Miquel mit vielen Geschäften.

20 Plaça Mayor mit vielen Lokalen rundherum

6.5. Castillo de Bellver

Hoch über dem Stadtteil von Palma „El Terreno" liegt das weithin sichtbare (nachts sehenswert beleuchtet) Castillo de Bellver. Am besten erreicht man das Schloss auf der Tour mit dem Touristenbus Linie 50. Zum einen ist es die Architektur dieses Rundbaus mit seinen Säulengängen, die sehr beeindruckend ist und den Besuch lohnenswert macht. Zum anderen ist es der phänomenale Weitblick über die gesamte Stadt Palma vom Dach des Schlosses aus. Hier kann man sich einen Überblick verschaffen, schöne Fotos schießen und die weiteren Besichtigungspunkte planen. Die Burg inkl. kleinem Museum kann Di-So von 10.00 Uhr bis saisonabhängig 17/18/19.00 Uhr zum Preis von 4,-- EUR besichtigt werden; sonntags kostenfrei, jedoch ohne Museum.

21 Außenansicht Schloss Bellver

22 Blick in den Innenhof mit Brunnen vom Dach aus

23 Rundgang

6.6. Schloss San Carlos

Das Schloss San Carlos (auch: Castell de Sant Carles) liegt in der Nähe von Porto Pí in der Car. Del Dique del Oeste an der Endstation der vom Airport kommenden Buslinie 1. Es ist Mo-Fr von 09.00-13.00 Uhr und Sa von 10.00 – 13.00 Uhr geöffnet. In ihm befindet sich ein Militärmuseum mit Waffen und Uniformen sowie zahlreichen Fotos und Dokumenten. Es gibt hier auch eine sehr interessante Übersicht über die Wachttürme Mallorcas sowie ein Modell der Seehandelsbörse. In der Außenanlage sind zahlreiche Kanonen vorzufinden. Aber auch für diejenigen, die sich nicht für das Militär interessieren, ist das Schloss aufgrund seines wunderbaren Weitblicks über den Hafen und die Stadt Palma einen Besuch wert. www.museomilitarsancarlos.com

24 Außenansicht mit Kanone

6.7. Seehandelsbörse „Sa Llotja"

In der Nähe der Kathedrale entlang des Passeig Sagrera in Richtung Westen liegt gegenüber dem Port de Pescador die Seehandelsbörse „Sa Llotja". Das gotische Gebäude mit den vier Ecktürmen sowie zehn kleineren Türmen wurde im 15. Jh. im Auftrage der damaligen Handelskammer „Colegio" erbaut. Die kunstfertige Fassade begeistert mit ihren Schutzheiligen und Wasserspeiern. Der Innenraum besteht aus einem 45x27 m großem Saal mit zwölf Kreuzrippengewölben und sechs Säulen, in dem wechselnde Ausstellungen und Events stattfinden. Aber auch der leere Saal (Bild 26) ist einen Besuch und ein Fotoshooting wert. Lage: Plaça de la Llotja 5, erreichbar mit den Buslinien 1, 15 und 50.

25 Eingangsbereich der Seehandelsbörse, Tel. 971 711 705

26 Innenaufnahme der Seehandelsbörse; Saal mit Säulen

27 Modell der Seehandelsbörse, ausgestellt im Schloss San Carlos

6.8. Arabische Bäder (Banys Arabs)

Hinter der Kathedrale „La Seu" in Richtung Osten befinden sich die gut ausgeschilderten arabischen Bäder in einem wunderschönen Garten des ehemaligen Herrenhauses Can Fontirroig. Sie sind ein Überbleibsel der rund dreihundert Jahre dauernden maurischen Herrschaft auf Mallorca.
Besonders das frühere Dampfbad mit seinen zwölf Säulen und dem interessanten Lichteinfall ist ein geradezu mystischer Ort, der zum Verweilen und Fotografieren einlädt. Auch der wunderschöne Garten mit seinen schattigen Sitzgelegenheiten bietet einen Moment der Entspannung in der ansonsten lebhaften Stadt Palma. Lage: Serra 7; täglich 09.30 – 18.30 geöffnet; 2,50 EUR Eintritt. Tel. 971 721 549

28 das frühere Dampfbad

29 Eingangsbereich zu den Bädern

30 sehr schöner Garten vor den Bädern mit Sitzgelegenheiten

6.9. Diverse Museen

Direkt neben der Kathedrale „La Seu" liegt der Königspalast **„Palacio Real de la Almudaina"** (C/Palau Real 20) mit 20.000 qm Grundfläche, der Residenz des spanischen Königs zur Wahrnehmung offizieller Anlässe, sofern er auf der Insel weilt. Der Eintritt kostet 7,00 EUR, allerdings dürfen in den Räumlichkeiten aus Sicherheitsgründen keine Fotos gemacht werden. Man hat von der Terrasse einen schönen Blick auf den Parc de la Mar sowie den Hafen und es kommt ein gewisses „Königsfeeling" auf, wenn man den Touristen von oben zuwinkt. Der ursprünglich maurische Palast wurde von König Jaume II. 1281 umgebaut und war lange Regierungssitz des Königreichs Mallorca. (Bild 31)
Sehr schön auch die über den Innenhof zugängliche Kapelle von Santa Anna. Auf dem Engelsturm des Palastes „Torre del Ángel" ist der Erzengel Gabriel aus dem 14. Jahrhundert zu sehen.
Öffnungszeiten: 01. April bis 30. September 10.00 - 20.00 Uhr, 01. Oktober bis 31. März 10.00 – 18.00 Uhr, montags geschlossen, Tel. 971 214 134, www.patrimonionacional.es

Wiederum neben dem Königspalast liegt das **„Palau March Museu"** (Bild 32) der Fundacion Bartolomé March. Der Eintritt beträgt hier 4,50 EUR. In dieser schönen Villa erwarten Sie Bilder (u.a. von Salvador Dalí), Modelle (Krippenfiguren etc.) und interessante Einblicke in imposante Wohnbereiche der Bankiersfamilie March. Die großzügige Terrasse mit zahlreichen Skulpturen bietet zudem einen schönen Ausblick. Lage:

Palau Reial 18. Tel. 971 711 122, Mo-Sa ab 10.00 Uhr geöffnet, www.fundacionbmarch.es
Busse: 2 (Haltestelle Pl. Cort), 46 und 15 (Haltestelle Pl. Reina)
Allein die Villa und die Terrasse lohnen einen Besuch! Unter dem Gebäude befindet sich eine Filiale der Kette „Grand Café Cappuccino", erreichbar über die Treppe zwischen dem Königspalast und der March-Villa. Hier kann man stilvoll einkehren.

Im Gebäude des alten **„Gran Hotel"** (Bild 33) befindet sich heute das **CaixaForum Palma**. Die spanische Sparkasse „La Caixa" betreibt in diesem von außen sehr ansehnlichen ehemaligen Hotel ein Museum mit wechselnden Ausstellungen. Der Eintritt betrug bei unserem Besuch 4,00 EUR pro Person. Uns hat die Ausstellung wenig überzeugt. Eine Betrachtung des sehr schönen Gebäudes von außen von einem gegenüberliegenden Café aus mit einem leckeren Café con leche können wir eher empfehlen. Der Jugendstilbau wurde 1901-1903 von Lluís Domènch i Montener erbaut.
Mo-Sa 10.00-20.00 Uhr, So 11.00-14.00 Uhr; Lage: Plaça de Weyler 3.
Busse: 3, 7 und 15 (Pl. Mercat), 50 (Pl. Juan Carlos I)
Gegenüber befindet sich die bekannte und vielfach aufgrund der interessanten Fassade fotografierte Bäckerei **„Forn des Teatre"** (Bild 34). Hier gibt es natürlich auch das mallorquinische Traditionsgebäck „Ensaimadas" (mit Puderzucker bestreutes, schneckenartiges Hefeteiggebäck).

Das „**Pueblo Espanol**" (Poble Espanyol) (Bild 35) ist ein künstlicher Nachbau von verschiedenen bekannten spanischen Bauwerken, zusammenfasst zu einem „Dorf". Es liegt nördlich des Castell de Bellver und der Straße in Richtung Gènova und wird inzwischen durch den fernsehbekannten Makler Kühne betrieben. Der Eintritt beträgt 6,00 EUR. Es wird durch den Touristenbus Linie 50 angefahren. Hier finden Sie z.B. Nachbauten der römischen Bäder der Alhambra oder den Plaza Major Madrids. Tel. 971 737 070; tgl. vom 09.00 bis jahreszeitabhängig 17-19 Uhr.

In der C/ Sant Miquel Nr. 11 zwischen Plaça Mayor und Markthalle liegt auf der linken Seite das **Museu Fundación March** (Bild 36). Dort finden wechselnde Ausstellungen statt. Der Eintritt ist kostenlos!
Mo-Fr 10-18.30 h, Sa 10.30-14 h

In der **Fundació Pilar i Joan Miró** (Bild 37) in der C/Joan de Saridakis 29 im in Cala Major können Sie die Werke und das Arbeitsumfeld des Künstlers Miró besichtigen. Der Eintritt kostet 6,-- EUR, samstags ist der Eintritt jedoch kostenlos! Schöne Bilder, angenehm klimatisiert gerade an heißen Tagen und eine Cafeteria gibt es auch. Geöffnet dienstags bis samstags von 10.00 Uhr bis 18.00 Uhr im Winter und bis 19.00 Uhr im Sommer; sonntags 10.00 bis 15.00 Uhr. Tel. 971 701 420, http://miro.palmademallorca.es; E-Mail: info@fpjmiro.org. Busse: 3 (Marivent), 46 und der rote Touristenbus Linie 50 (C/Joan de Saridakis).

Geht man an der Meerseite der Kathedrale in Richtung Osten, so erreicht man das **Museu Diocesà de Mallorca im Palau Episcopal** (Diözesanmuseum, Bistum Mallorca; Bild 38). Der Eintritt kostet 3,-- EUR und ist täglich ab 10.00 Uhr bis jahreszeitenabhängig 15.15/17.15/18.15 möglich. Hier findet man jede Menge Kirchenkunst. C/ Mirador Nr. 5; Tel. 971 723 860.
Mehr Infos:
www.catedraldemallorca.es, www.bisbatdemallorca.com

Geht man wiederum links am Museum Diocesà de Mallorca vorbei in die Altstadtgassen und folgt der Ausschilderung zu den arabischen Bädern, so gelangt man automatisch zum **Museu de Mallorca** (Bild 39). Der Eintritt kostet hier 2,40 EUR und ist nicht mehr kostenlos, wie noch in einigen Reiseführern ausgewiesen wird. Das Museum residiert an der Carrer Portella Nr. 5 in einem schönen alten Herrenhaus (Palau Aiamans) und wurde erst kürzlich komplett renoviert. Auch hier findet man jede Menge Kirchenkunst, Keramik und alte spanische Meister. Öffnungszeiten: dienstags bis freitags ab 10.00 Uhr bis 15.00 Uhr, samstags und sonntags 11.00 bis 14.00 Uhr, montags geschlossen. Jahreszeitliche Abweichungen von den genannten Öffnungszeiten sind möglich. Tel. 971 177 838, E-Mail: museudemallorca@dgcultur.caib.es;
Internet: http://museudemallorca.caib.es

Wieder von der Kathedrale startend gehen wir an der Wasserseite in Richtung Westen, dem Passeig de Sagrera entlang, an der Seehandelsbörse Sa Llotja vorbei und biegen nach dem Consolat de Mar rechts in

die Carrer del Consolat ein. Auf dem Plaça de la Drassana gehen wir nach links und biegen in die C/ de Sant Pere ein. Dort gehen wir immer gerade aus, die Treppen hoch und gelangen auf die Terrasse des Restaurants Es Baluard. Wir gehen weiter rechts daran vorbei und gelangen zum Eingang des **Es Baluard – Museu d´art modern i contemporani de Palma** (Bild 40) am Plaça Porta Santa Catalina Nr. 10. Entgegen der Meinung einiger Autoren anderer Reiseführer fügt sich der moderne Betonbau unserer Meinung nach in keiner Weise in die historische Stadtmauer ein. Auch inhaltlich überzeugt das Museum für moderne und zeitgenössische Kunst nicht. Viel Raum (3.500 qm Ausstellungsfläche, 5.000 qm Gesamtfläche, 3 Stockwerke) und wenig Inhalt. Die Dachterrasse mit Umgang und tollem Blick über die Stadt und den Hafen entschädigt ein wenig.
Der Eintritt zu diesem Museum kostet 6,-- EUR. Öffnungszeiten: Di-Sa 10-20 Uhr, So 10-15 Uhr, montags geschlossen.
Tel. 971 908 200; Internet: www.esbaluard.org

Wer den schönen Ausblick genießen möchte, sollte sich lieber gleich in das angegliederte Restaurant mit Lounge setzen und einen Café con leche genießen.

31 Palacio Real de la Almudaina

32 Palau March Museu

33 Außenansicht des alten Gran Hotel, jetzt CaixaForum Palma

34 Bäckerei „Forn des Teatre" mit Café gegenüber dem Gran Hotel

35 Eingangsbereich zum Pueblo Espanol

36 Eingangsbereich Museu Fundación March

37 Eingangsbereich Fundació Pilar i Joan Miró in Cala Major

38 Museu Diocesà de Mallorca

39 Museu de Mallorca, Portella 5, 07001 Palma

40 Es Baluard, Plaça Santa Catalina 10

6.10. Diverse Parks

Gerade in den heißen Sommermonaten laden zahlreiche Parks in Palma mit ihren schattigen Sitzplätzen zum Verweilen und Entspannen zwischendurch ein. Wir möchten daher hier einige vorstellen, die kostenlos betreten werden können.

Bewegen Sie sich von der Kathedrale La Seu startend in Richtung Osten und folgen der Ausschilderung zu den arabischen Bädern, kommen sie am **Jardí del Bisbe** dem Garten des Bistums von Mallorca vorbei. Dieser hat vormittags bis ca. 13.30 Uhr geöffnet. Es gibt ein schönes Wasserbecken mit Seerosen und schattige Sitzplätze. www.bisbatdemallorca.com (Bild 41)

Direkt am Königspalast an der Avinguda d´ Antoni Maura befindet sich der schöne Garten **S´Hort del Rei** mit Springbrunnen und schattigen Sitzgelegenheiten. (Bild 42)

Am westlichen Ende der Flaniermeile „La Rambla" an der Via Roma Nr. 1 befindet sich der **Parc de la Misericòrdia** mit darin liegendem Kulturzentrum. (Bild 43)

Beginnend am Hafen zwischen der Calle de la Feixina und der Avinguda Argentina entlang des Flusses Torrente Sa Riera liegt der Park **Sa Feixina**. (Bild 44)

Der **Parc de la Mar** liegt am Fuße der Kathedrale „La Seu" zwischen dem künstlichen See mit der Fontäne auf der einen Seite sowie der Autopista de Llevant bzw. dem Meer auf der anderen Seite. Weiter östlich verläuft er entlang der Stadtmauer (Dalt Murada). (Bild 45)

Der Park **Sa Quarantena** (auch: Parc Sa Cuarentena) liegt am Passeig Maritim Nr. 35a in Richtung Porto Pí etwa in Höhe des Castell de Bellver. (Bild 46)
Hat im oberen Teil einen schönen Wasserfall.

Seit Frühling 2017 kann man auch die **Gärten des Königs** in seinem **Palast Marivent** im Stadtteil Cala Major besichtigen. Dieser ist nicht zu verwechseln mit dem S´Hort del Rei am Palast für offizielle Anlässe in der Innenstadt. Die Buslinie 3 (Station Marivent) hält in Sichtweite des Eingangs. Fotos dazu auf unserer Facebook-Seite. Vom 15. Juli bis 15. September ist der Zugang nicht möglich…vermutlich ist der König daheim.

41 Eingangsbereich des „Jardí del Bisbe"; Bisbat de Mallorca

42 Garten am Königspalast Innenstadt

43 Eingangsbereich Park „la Misericòrdia" in der Via Roma 1

44 Park „Sa Feixina" am Torrente Sa Riera

45 „Parc de la Mar" am Fuße der Kathedrale „La Seu"

46 Park „Sa Quarantena"

6.11. Straßen: Jaume III, La Rambla

Wenn man sich vom Parc de la Mar am Fuße der Kathedrale zunächst der Avinguda d´Antoni Maura folgend dann dem Passeig des Born hinaufbewegt hat, überquert man an dessen Ende den Plaça Joan Carles I und biegt dann nach links in die Einkaufsstraße „Avinguda de Jaume III" ein (Bild 47). Auf beiden Straßenseiten befinden sich herrlich zum Flanieren geeignete Säulengänge mit vielen Einzelhandelsgeschäften. Hier finden sie alle Geschäfte mit Rang und Namen. Die Gebäude stammen aus dem Jahre 1943 und wurden von dem Architekten Gabriel Alomar entworfen. Hier finden Sie auch eine Filiale der spanischen Kaufhauskette „El Corte Inglés" unter der Hausnummer 15 (www.elcorteingles.es).

Biegt man dagegen am Plaça Joan Carles I nach rechts ab und folgt dem Straßenverlauf mit einer leichten Linksbiegung, so gelangt man zur weiteren Flaniermeile „Rambla dels Ducs de Palma de Mallorca" (Bild 48). Zwischen den beiden Fahrbahnen befindet sich eine Fußgängerzone mit zahlreichen Blumen- und Zeitungsständen. Ähnlich wie beim Passeig des Born stehen hier unter schattigen Bäumen Bänke, die zum Ausruhen einladen. Geschäfte gibt es hier allerdings weniger. An der östlichen Seite der Rambla führen Treppen hinauf zum Plaça Mayor. Am anderen Ende befindet sich der Park la Misericòrdia in der Via Roma 1 mit dem darin befindlichen Kulturzentrum des Inselrats (Tel. 971 714 257). Hier finden wechselnde Ausstellungen statt.

47 Einkaufsstraße Jaume III mit beidseitigen Säulengängen

48 La Rambla mit Blumenständen in der mittigen Fußgängerzone

6.12. Markthalle Mercat de Santa Catalina

Etwas kleiner und auch ursprünglicher als die Mercat de l´Olivar. Lage: in der Carrer d´Annibal abgehend von der Avinguda Argentina. Mo-Sa 9.30-13.30 Uhr; Bus 3

49

50

6.13. Special 2016: Besichtigung der Dachterrassen der Kathedrale

Seit dem Sommer 2016 ist es möglich, bisher nicht gezeigte Orte in der Kathedrale „La Seu" zu besichtigen, wie z.B. den Glockenturm, das große Rosettenfenster von außen und die Dachterrassen mit einem wunderschönen Blick über Palma und den Hafen. Der Weg zur Besichtigung ist für den touristischen Ausländer nicht ganz einfach. Man muss sich über die bislang nur auf Spanisch angebotene Internetseite www.catedraldemallorca.info im Internet für eine Besichtigung (Visitas a las terrazas de la Catedral de Mallorca) anmelden und diese auch sogleich per Kreditkarte mit 12,-- EUR pro Person bezahlen. Pro Tag werden zu verschiedenen Zeiten mehrere Führungen mit bis zu 25 Personen angeboten. Offensichtlich handelt es sich noch um einen Geheimtipp, denn bei der von uns getesteten Führung im Juli 2016 waren wir nur 6 Gruppenmitglieder. Sie erhalten per E-Mail eine elektronische Bestätigung, die sie per Smartphone oder Tablet zur Führung mitbringen müssen. Treffpunkt ist der Eingang mit der großen Flügeltür <u>rechts</u> neben dem regulären Eingang zu Museum und Kathedrale. Stellen sie sich also nicht bei der mitunter sehr langen Schlange an! Nur ein kleines Schildchen weist daraufhin, dass sich hier bezahlte Gruppen treffen. Pünktlich öffnet sich die Tür und ein Guide ruft sie namentlich gemäß seiner Liste auf und Sie zeigen ihr E-Ticket vor. Da wir die einzigen Ausländer waren, fand die einstündige Führung nur auf Spanisch statt, die Aussicht und die Fotografiermöglichkeiten machen alles wett. Aber: Nichts für gehbehinderte und Menschen mit Höhenangst!

51 Der Glockenturm der Kathedrale

52 Dachterrasse der Kathedrale

53 schönste Verzierungen in luftiger Höhe

54 Aussicht auf den Hafen von Palma

7. Ausflüge / Touren

Für einige unserer Touren wird ein Mietwagen benötigt.

7.1. Paguera

Unser heutiger Ausflug führt uns in Richtung Andratx über Santa Ponsa nach Paguera. Wir starten an der Estació Intermodal am Plaça d´ Espanya. Im zweiten Untergeschoss nehmen wir den Bus der Linie 102 in Richtung Port d´Andratx über Santa Ponsa und Paguera. Die Linie 104 fährt zwar auch nach Paguera, braucht jedoch aufgrund der zahlreicheren Haltestellen wesentlich länger. Die einfache Fahrt kostet 3,75 EUR pro Person und dauert mit dem Bus 102 ca. 40 Minuten.
Paguera ist ein typisch deutscher Touristenort mit schönen Stränden und vielfältiger Infrastruktur. Oberhalb des Hauptstrandes (Bild 55) verläuft der Boulevard, die Haupteinkaufsstraße (Bild 56) mit vielen Restaurants und Einkaufsmöglichkeiten. Besuchen Sie nachmittags auf ein leckeres Erdbeertörtchen und einen Cappuccino das aus der VOX-Serie „Good bye Deutschland" bekannte Café Schwarzwald (Bilder 57 + 58) und abends die ebenfalls aus dieser Serie bekannte Party-Kneipe „Krümels Stadl" (Bild 59). Hier treten die Ballermann-Sänger inkl. Jens Büchner auf. Für das leibliche Wohl und die Party sind in Paguera gesorgt. Nehmen Sie auch ihre Badebekleidung für ein kleines Bad im Meer zwischendurch mit, entweder am Hauptstrand oder am etwas ruhigeren Strand Playa de Tora (Bild 60).
Der Wochenmarkt findet immer dienstags ab 08.00 Uhr auf einem Teil der Hauptstraße statt.

55 Hauptstrand Platja Palmira

56 Av. de Peguera / Bulevar de Peguera

57 Schwarzwald Café

58 Erdbeertörtchen für 3,75 EUR + Cappuccino für 2,50 EUR

59 Krümels Stadl

60 Playa de Tora

7.2. Santa Ponsa / Santa Ponça

Auch unser heutiger Ausflug führt uns wieder in Richtung Andratx, endet jedoch diesmal in Santa Ponsa / Santa Ponça. Wir starten an der Estació Intermodal am Plaça d´Espanya. Im zweiten Untergeschoss nehmen wir den Bus der Linie 102 in Richtung Port d´Andratx über Santa Ponsa und Paguera. Die Linie 104 fährt zwar auch nach Santa Ponsa, braucht jedoch aufgrund der zahlreicheren Haltestellen wesentlich länger. Die einfache Fahrt kostet 3,40 EUR pro Person und dauert mit dem Bus 102 ca. 35 Minuten. In Santa Ponsa gibt es zwei Haltestellen dieser Linie. Wir steigen an der zweiten am Plaça Santa Ponça aus.
In Fahrtrichtung gleich rechts die erste Straße (C/Gran Via Puig Massanella) hinein liegt in Sichtweite das „Kultbistro König von Mallorca" von Jürgen Drews (Bild 61). Hier kann man sein erstes Bierchen zischen und trifft mit etwas Glück den „König" persönlich.
Ebenfalls von der Plaça Santa Ponça aus geht die Straße Av. Rei Jaume I. ab. Dies jedoch in zwei Richtungen! Einmal geht es wieder ortsauswärts, wo wir mit dem Bus entlanggekommen sind oder es geht in Richtung Caló d´en Pellicer an der Küste entlang. Wir nehmen die zweite Richtung. Diese Straße muss man ein ganzes Stück hinaufgehen und findet dann auf der linken Seite das "Café Katzenberger" inkl. Fan Store von Daniela Katzenberger (Bild 62). Wir sind hier eingekehrt und haben ein Stück Schokoladenkuchen (3,00 EUR) und einen Cappuccino mit Sahne (3,20 EUR) genossen. Leider wurde das Café **mittlerweile geschlossen**!
Ein Highlight ist noch der schöne große Strand, also Badezeug nicht vergessen! (Bilder 63 + 64)

61 "Kultbistro König von Mallorca", www.juergendrewskultbistro.com

62 "Café Katzenberger" mit Store, www.cafekatzenberger.com

63 Playa de Santa Ponça, aufgenommen von der Av. Rei Jaume I.

64 Playa de Santa Ponça, aufgenommen von der anderen Seite

7.3. Ca´n Picafort, Port d´Alcúdia, Port de Pollença

Unser dritter Tagesausflug wird uns mit dem Mietwagen von Palma über die MA13 zunächst in Richtung Inca über Alcúdia zu den Haltepunkte Ca´n Picafort, Port d´Alcúdia bis nach Port de Pollença und wieder zurück nach Palma führen.

Planen Sie auch Zeit ein, um an den verschiedenen Punkten auch einfach ein bisschen bleiben und genießen zu können und man sollte bei jedem dieser Ausflüge Badebekleidung, Handtücher, Trinkwasser und eine Kleinigkeit zu Essen mitnehmen.

Nachdem wir Palma gestartet sind, fahren wir zunächst in Richtung Inca über die Straße MA13 (nicht wundern, diese endet irgendwann kurz vor Alcúdia und geht in die etwas kleinere MA 13a über), dann weiter über Alcúdia in Richtung Ca´n Picafort.

Wir machen den ersten Zwischenstopp in Ca´n Picafort. Wir stellen das Fahrzeug in einer der Seitenstraßen links ab. Wenn man die Seitenstraße nach links hinunterschaut, sieht man bereits das blaue Meer. Falls man das Wasser noch nicht sieht, wählt man einfach eine andere Querstraße und geht bis zum Wasser. Beeindruckend ist die sehr lange Küstenpromenade, an der sich zahlreiche oftmals deutschsprachige Lokale aneinanderreihen. Hier kann man flanieren und in sich in ein nettes Lokal mit Sicht auf die riesige Bucht von

Alcúdia setzen. Auch eine kilometerlange Wanderung barfuß am Strand ist zu empfehlen.
In der zweiten Reihe, parallel zur Küstenpromenade sowie in den Fußgängerzonen, die wiederum parallel zu den Seitenstraßen verlaufen, finden Sie das übliche touristische Angebot (wer will sich zu Hause schon ohne Souvenir blicken lassen).

Wir fahren wieder zurück zu unserem nächsten Stopp in Port d´Alcúdia, den wir bereits nach 15 Minuten erreichen. Hier parken wir auf der Höhe von Burger King / LIDL auf der rechten Seite in einer Nebenstraße, um dort am Strand entlang zu Fuß in Richtung Hafen zu gehen. Diesen sagenhaft großen Strand sollten Sie gesehen haben und vielleicht nutzen Sie auch die Möglichkeit für ein erfrischendes Bad im Meer. Selbst in der Hauptsaison ist der Strand für Mallorca-Verhältnisse nicht überfüllt und gleicht optisch ein wenig den Stränden, die man sonst nur mit der Karibik in Verbindung bringen würde. Alles dort riecht nach Urlaub, Sonne, Meer und einer entspannten Auszeit vom Alltag.

Und schon geht es weiter zum heutigen Endpunkt unseres Ausfluges nach Port de Pollença, den wir nach weiteren 15 Minuten erreichen werden. Wir fahren entlang der Küstenstraße, die teilweise direkt neben dem Strand der Bucht von Pollença verläuft. Sie haben einen herrlichen Blick auf das Wasser und die dort Wassersporttreibenden. Am Ende dieser Straße kommen wir zu einem Kreisverkehr. Folgen Sie <u>nicht</u> der Ausschilderung nach Port de Pollença. Hier landen Sie nur auf einer Umgehungsstraße. Nehmen Sie stattdessen die erste Ausfahrt aus dem Kreisverkehr mit dem gelben Hinweisschild "Port" und fahren Sie weiter entlang der Küste in Richtung Ortszentrum. Irgendwann kommt rechts der breite Bade-Strand des Ortes. Hier können Sie parken und gegebenenfalls ein wundervolles Bad im Meer nehmen. Fahren Sie weiter in Richtung Hafen und folgen Sie der Ausschilderung in Richtung des Hotels Illa d'Or. In der "zweiten Reihe" bzw. in den Seitenstraßen können Sie kostenfrei parken (weiße Streifen = frei). Nun können Sie den Ort und insbesondere die tolle Promenade entlang des Wassers erkunden.

Auf der einen Seite der Bucht befindet sich der bereits erwähnte Sandstrand. Auf der anderen Seite finden Sie die mit Bäumen gesäumte, schattige Küstenpromenade, auf der man auch an heißen Tagen einen Spaziergang machen kann. Der Strand ist dort sehr schmal und durch Stege unterbrochen, was dem ganzen aber ein bisschen mehr südliches Flair verleiht und an das Italien der 70er Jahre erinnert.

Wir sind im "Gran Café Cappuccino" im Erdgeschoss des Hotels Sis Pins eingekehrt und haben uns auf der traumhaften Terrasse mit Blick auf die Bucht sowie die startenden Wasserflugzeuge der Brandbekämpfungseinheit niedergelassen. Probieren Sie den pastel de chocolate con helado. Insgesamt sicherlich nicht ganz billig (für 2 Stücke Kuchen und 2 Latte Macchiato lagen wir schon über 20 EUR), aber das Ambiente und die Aussicht sind es wert und sorgen für einen unvergesslichen Moment in Ihrem Mallorca-Urlaub.

Infos:
http://www.grupocappuccino.com/cappuccino-port-de-pollenca

Unser Ausflugstag neigt sich dem Ende und wir fahren zurück über Alcúdia und Inca nach Palma. Sicher könnte man an einem Tag auch „mehr" schaffen, aber wir haben die Ausflüge so angelegt, dass es ein entspannter Tag ist, an dem man angenehm erschöpft und voller wunderschöner Eindrücke ins Hotel zurückkommt.

65 Beginn der Küstenpromenade von Ca´n Picafort beim Hotel Miramar

66 Strand von Port d´ Alcúdia mit viel Platz und feinem Sand

67 idyllischer Verlauf der Küstenpromenade von Port de Pollença

68 auf der Terrasse des "Gran Café Cappuccino" im Hotel Sis Pins

7.5. Sóller, Port de Sóller

An unserem heutigen Ausflugstag mit dem Bus und Zug brechen wir frühzeitig gleich nach dem Frühstück zum Plaça d´Espanya in Palmas Innenstadt auf.

Hier nehmen wir in der unterirdischen Estació Intermodal in der Ebene -2 den Bus der Linie 211 nach Port de Sóller. Das Ticket können Sie beim Busfahrer für 3,20 EUR pro Person erwerben.
(http://www.tib.org/portal/de/web/ctm/autobus/linia/211)
Nach ca. 35 Minuten kommen wir in Port de Sóller an und gehen die letzten Schritte zu Fuß zum Hafen. Nach Erkundung des Ortes kehren wir im Restaurante Mar y Sol am Bahnhof der Straßenbahn mit Blick auf das Hafenbecken ein und bestellen uns einen Café con leche und einen leckeren Nugateisbecher. Was auch immer sie dort Essen oder trinken: Diesen Ausblick vergessen sie nie. (Bild 69, http://restaurantemarysol.es)
Danach geht es weiter mit der Straßenbahn vom Hafen zum Stadtzentrum von Sóller für EUR 7,00 durch Orangenhaine sowie die Gärten und Hinterhöfe der Einwohner, was auch wieder ein Erlebnis für sich ist.

Wir erkunden die Stadt und genießen die Atmosphäre des zentralen Marktplatzes mit der mitten hindurch fahrenden Straßenbahn.
Es geht zu Fuß weiter durch den Ort zum Bahnhof für die Eisenbahn nach Palma (Estación de Ferrocarril de Sóller). Dort kaufen wir die Fahrkarten am Schalter oben auf dem Bahnsteig (jeweils ab einer halben Stunde vor Abfahrt möglich). Die einfache Fahrt kostet pro Person

stolze 18,-- EUR, mit Rückfahrt 21,-- EUR. Wir buchen natürlich nur die Hinfahrt nach Palma. Wer noch Zeit hat bevor der Zug kommt, kann für kleines Geld einen frischgepressten Orangensaft mit Orangen aus der Region direkt auf dem Bahnsteig genießen. Es lohnt sich auf jeden Fall einen Moment auf diesem Bahnsteig zu sitzen. Die Lage ist so idyllisch, dass man sich schnell in die Zeit von vor 100 Jahren zurückversetzt fühlt. Dort ist man trotz der ebenfalls wartenden Mitfahrer fernab von allem Trubel in einer Welt, die nach Süden, Sonne und Orangen riecht. Der Bahnhof ist insgesamt wunderschön gestaltet mit liebevollen Details, wie z.B. das Bild von Miró. Die Anlage wirkt so gepflegt, dass man während des Wartens fast ein bisschen das Gefühl bekommt in einer Anlage eines Freizeitparks zu sitzen; inklusive der Geräuschkulisse, die durch Vogelgezwitscher, Stimmengewirr und flirrende Atmosphäre bestimmt wird. Die Zugfahrt insgesamt ist wie ein Ausflug in eine längst vergessene Zeit und führt auf einer unglaublich schönen Strecke durch viele Tunnel, Orangenhaine und durch die Berge. Die Zeit scheint in diesem Zug einfach stehengeblieben zu sein. Die Fahrt selbst ist nostalgisch, ruckelig und wird begleitet von ständigem Hupen und Klingeln des Zuges. Es geht in einer für den nostalgischen Zug berauschenden Geschwindigkeit durch kleine Orte und Orangenhaine. Die Liebhaber der Augsburger Puppenkiste werden sich nicht gegen das aufkommende Lummerland-Feeling wehren können. Den aktuellen Fahrplan der Sóller-Bahn gibt es hier: http://www.trendesoller.com
Nach etwa 1 Stunde Zugfahrt sind wir in Palma zentral am Plaça d´Espanya angekommen.

69 Restaurante Mar y Sol am Hafen von Port de Sóller

70 Straßenbahn von Port de Sóller nach Sóller

71 Marktplatz von Sóller

72 Eisenbahn von Sóller nach Palma

7.5. Manacor, Portocristo und die Höhlen

Unser nächster Ausflug führt uns über Manacor nach Portocristo und zu den berühmten Drachenhöhlen (Coves del Drac).

Wir starten in Palma mit dem Mietwagen in Richtung Manacor.

In der "Via Palma Nr. 9" auf der rechten Seite befindet sich der ausgeschilderte Fabrik-Shop des Perlenherstellers MAJORICA.

Die Mallorca-Perlen als eines der lokalen Produkte und deren Herstellung sollte man gesehen haben. Früher konnte man sogar den echten Produktionsbetrieb in der Fabrik besichtigen. Dies ist seit einigen Jahren nun leider nicht mehr möglich. Im ersten Stock des heutigen Shops werden jedoch die Herstellungsmethoden per Video und beispielhaftem Show-Betrieb dargestellt. Die Endprodukte können vor Ort gekauft und als landestypische Mitbringsel mitgenommen werden. Und ja, wir gestehen es: Wir fahren fast nie nach Hause ohne dort etwas für den nächsten Geburtstag oder Weihachten oder irgendeinen anderen Anlass mitzunehmen.

Es gibt, außer des wirklich schönen Schmucks, noch einen weiteren Grund wachsam zu sein: im Verkaufsraum im Erdgeschoss gibt es verschiedene Werbebroschüren. Dort gibt es auch einen Flyer, mit dem wir bei unserem weiteren Ziel in Valldemossa auf den Eintrittspreis in das Kloster 10% Ermäßigung erhalten.

Unbedingt mitnehmen! (Aufdruck: 10% Dto. Real Cartuja de Valldemossa).

Anschließend folgen wir weiter der Via Palma stadteinwärts, halten uns rechts (Carretera Torrent) und richten uns nach der Ausschilderung nach Portocristo (Straße Ma-4020). In Portocristo gibt es noch die Coves dels Harms, die wir diesmal jedoch nicht besuchen wollen. Wir wollen zu den Coves del Drac (den Drachenhöhlen) mit dem weltberühmten unterirdischen Martelsee, auf dem uns ein Konzert und eine Bootsfahrt erwarten. Wir haben zwei Möglichkeiten dorthin zu gelangen. Entweder fahren wir durch den Ort Portocristo hindurch und biegen dann am Hafen rechts ab in Richtung Drachenhöhlen (überqueren dabei eine Brücke), oder wir nehmen noch vor Erreichen des Ortes nach der Tankstelle auf der linken Seite im Kreisverkehr die Abzweigung in Richtung Porto Colom und biegen dann im zweiten Kreisverkehr auf der Ma-4014 in Richtung Portocristo mit den davorliegenden Höhlen ab (Ctra. les Coves, s/n, 07680 Porto Cristo). Am besten folgen Sie der Ausschilderung vor Ort. Der Eintrittspreis beträgt 14,50 EUR pro Person/Erwachsene.
Nähere Informationen unter:
http://www.cuevasdeldrach.com/

Die gesamte unterirdische Tour inkl. Konzert dauert ca. 60 bis 90 Minuten, je nachdem, ob Sie am Schluss noch die Bootsfahrt auf dem Martelsee mitmachen oder den Weg über den Parallelweg zu Fuß zum Ausgang wählen. Leider erfolgt keine "geführte" Tour mit Hinweisen. Das Konzert umfasst ca. 5 Lieder. Die Benutzung von Blitz beim Fotografieren ist nicht gestattet! Auch das Konzert darf weder fotografiert noch mitgeschnitten werden.

Nach der Besichtigung fahren wir zurück in die Stadt und erkunden den Ort mit seinem schönen Hafen mit der imposanten Steilküste (Bild 74).

Wir verlassen den Ort und fahren wieder in Richtung Manacor / Palma.

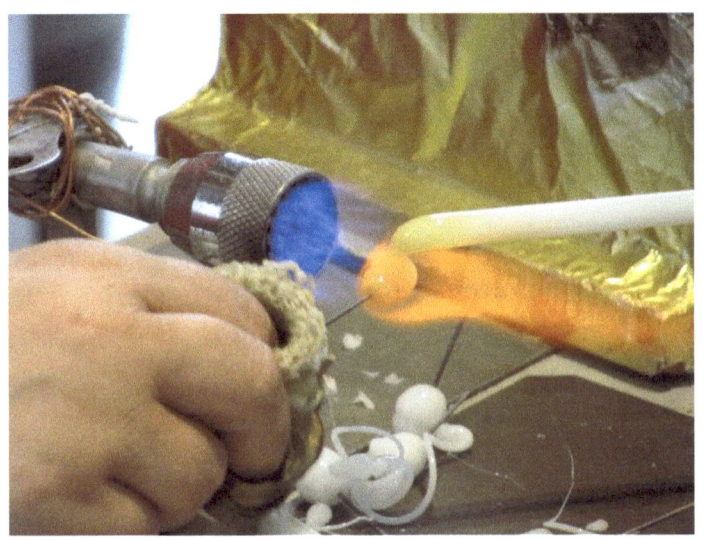
73 Perlenherstellung bei MAJORICA in Manacor

74 Portocristo mit imposanter Steilküste

7.6. Valldemossa

Ausgeschlafen und mit einem guten Frühstück, das wir auf der Terrasse genossen haben, machen wir uns auf zu unserem nächsten Ausflugstag.

Wir begeben uns zum Plaça d´Espanya in Palma. Hier nehmen wir in der unterirdischen Estació Intermodal in der Ebene -2 den Bus der Linie 210 nach Valldemossa (Richtungsangabe am Bus Valldemossa oder Port de Sóller). Die Fahrt dauert ca. 30 Minuten und kostet 1,85 EUR.

Dort angekommen, folgen Sie der Ausschilderung in Richtung "Real Cartuja de Valldemossa + WC". Schauen Sie sich zunächst den wunderschönen Rosengarten hinter dem Kloster an, bevor Sie das Kloster besichtigen. Ja, Sie besichtigen das Kloster. Wenn wir die Chance haben, Sie zu irgendwas zu zwingen, dann zu einem Besuch im Kloster von Valldemossa. Alleine der Ausblick in das Tal und die liebevoll bepflanzten Gärten hinter den Klosterzellen machen einen Besuch unverzichtbar, egal, ob Sie eigentlich zu den typischen Klosterbesuchern gehören, oder nicht. Leider wurden aufgrund eines Rechtsstreites um die Finanzen der Eintrittspreis gesplittet und sogar zwei Kassen aufgebaut. Auf alle Fälle sollten Sie den größeren Hauptteil des Klosters für 9,50 EUR pro Person (abzüglich 10% gegen Vorlage des Flyers aus Manacor) besichtigen. In dem Kloster verbrachten die Schriftstellerin George Sand und der Komponist Frédéric Chopin den Winter 1838/39. Über diese Zeit verfasste George Sand einen lesenswerten

Reisebericht ("Ein Winter auf Mallorca"), wobei aufgrund des Inhalts verwunderlich ist, dass die Mallorquiner die beiden Reisenden heute so verehren. Es legt manchmal die Vermutung nahe, dass die Mallorquiner dieses Buch eigentlich nicht gelesen haben können.
Mehr Infos zum Kloster:
www.cartujadevalldemossa.com

Wie dem auch sei:
Sie sollten auch durch den wunderschönen Ort und seine idyllischen Gassen der Unterstadt in Richtung Dorfkirche streifen. Kehren Sie zum Abschluss in eines der Cafés ein und genießen Sie das Dorfambiente. Auch in Valldemossa gibt es übrigens ein Grand Café Cappuccino, das Sie bereits an unserem Ausflugstag nach Port de Pollença kennengelernt haben, für die Preise gilt dasselbe wie in Port de Pollença, für den Service und die Qualität auch; da muss jeder selber entscheiden, wo seine finanzielle Schmerzgrenze liegt. Die besondere Atmosphäre lässt sich in jedem andern Lokal in diesem Ort genauso gut genießen. Dann wird es Zeit für die Rückfahrt mit dem Bus nach Palma.

75 Kloster: Real Cartuja de Valldemossa

76 Gassen der Unterstadt in Valldemossa

8. Karten von Palma de Mallorca

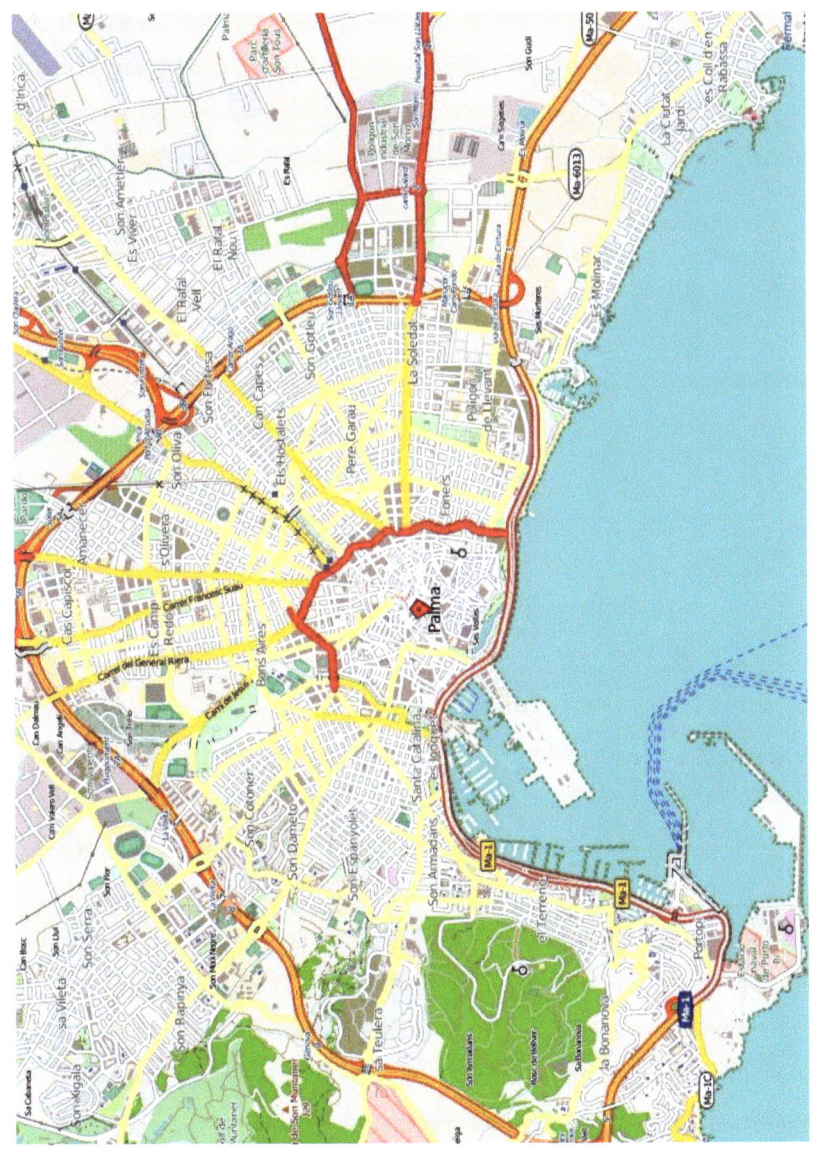

Innenstadt Palma „© OpenStreetMap-Mitwirkende" 2016

Altstadt „alle Karten ©OpenStreetMap-Mitwirkende" 2016

Cala Major; „© OpenStreetMap-Mitwirkende" 2016

9. Karte Mallorca

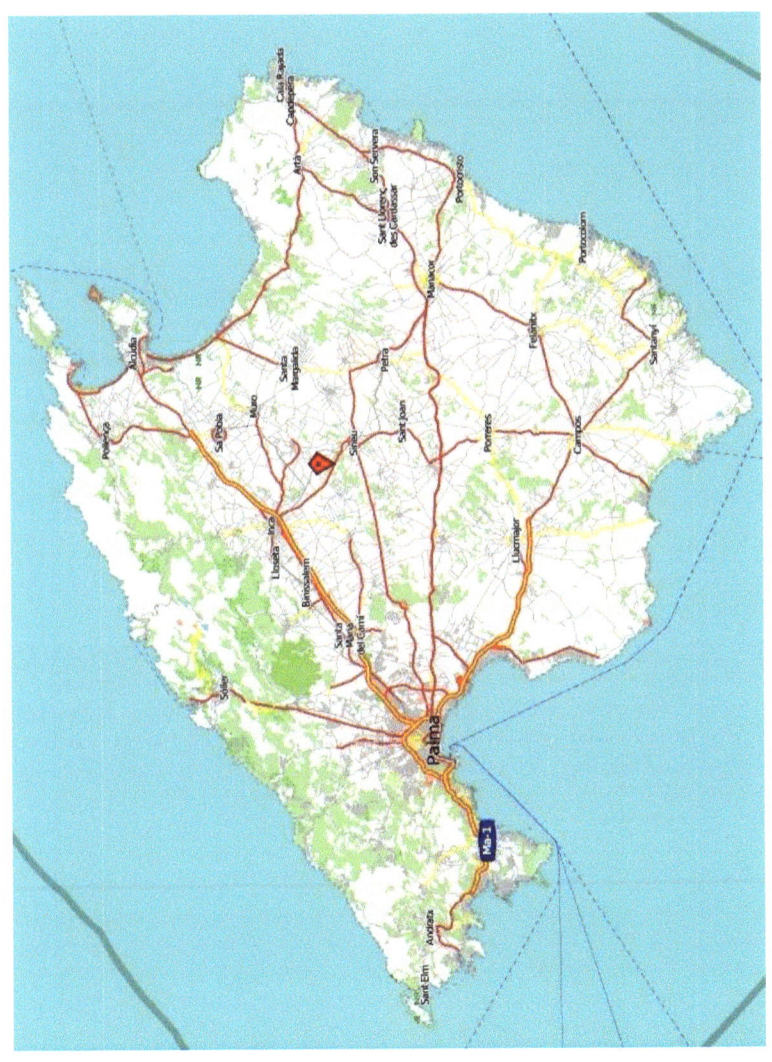

„© OpenStreetMap-Mitwirkende" 2015

10. Wichtige Kontakte + Feste

Spanische Vorwahl bei den nachfolgend angegebenen Rufnummern unter Umständen erforderlich (z.B. bei der Nutzung des deutschen Handys): 0034
Die Straßennamen auf Karten, im Internet etc. und in der Realität weichen manchmal mehr oder weniger voneinander ab. Je nachdem, ob es sich um die Sprachen Castellano (Hochspanisch) oder Mallorquin (örtlicher Dialekt) handelt. Wir gebrauchen zur Gewöhnung beide Versionen, also bitte nicht wundern!

Apotheke:
In Palma gibt es eine Vielzahl von Apotheken, die teilweise sogar 7 Tage die Woche geöffnet haben. Eine zu finden sollte also kein Problem sein. Exemplarisch möchten wir daher hier nur 2 Apotheken benennen.

Am oberen Ende des Paseo del Borne, am Plaça del Rei Joan Carles I:
Farmacía Ainoa Buades Mateu
Tel. 971 711 534

Und am unteren Ende des Paseo del Borne, Plaça de la Reina:
Farmacía Ángel Guijarro Bagur
Tel. 971 272 501

Arzt:
Arztzentrum Porto Pí mit deutschen Ärzten verschiedenster Fachrichtungen, an zwei Standorten:
C/ Porto Pí 8 (1. Etage), Terminvergabe 971 707 055

Internist Dr. M. Springer, Notfall 607 559 082
Frauenärztin Dr. Christiane Springer, Notfall 607 559 088
Zahnarzt Dr. Frank Poblotzki, Notfall 650 757 312
Hautarzt Dr. Jens Löhnert, Notfall 627 086 092
Augenarzt Dr. K. Pötzsch, Notfall 607 559 087
Orthopäde Dr. Stefan Linnenbecker, Notfall 600 444 000

Avda. Gabriel Roca 47, Terminvergabe 971 707 035
HNO Dr. Johannes Gessner, Notfall 607 559 084
Urologe Dr. Joseph van Dessel, Notfall 692 731 281
Kinderärztin Dr. Karin Rittweiler, 607 559 081

www.centromedicoportopi.es

Bahn
1. Ferrocarril de Sóller (historische Bahn nach Sóller)
Avda. De Joan March Ecke Carrer d´Esebi Estada, schräg gegenüber dem Plaza de Espana

2. nach Inca, Manacor
In der Estació Intermodal gegenüber dem Plaza de Espana, im Untergeschoss

Banken
In Palma gibt es eine Vielzahl von Banken: Banca March, BBVA, Banco Santander, Deutsche Bank, Bank Caixa, Banco Sabadell etc.. Die meisten verfügen über einen Geldautomaten. Über die Abhebegebühren sollten Sie sich vor der Reise bei Ihrer Hausbank erkundigen. Manche haben Kooperationen bzw. ist da abheben mit der Kreditkarte evtl. kostenlos.

Busse
In Palma verkehren die Stadtbusse EMT im gesamten Stadtgebiet. Eine Fahrt ab Einstieg bis Ausstieg kostet 1,50 EUR. Steigen Sie in einen anderen Stadtbus um, müssen Sie erneut zahlen.
www.emtpalma.es

Die Überlandbusse TIB starten im unterirdischen Busbahnhof der Estació Intermodal gegenüber dem Plaza de Espana und fahren in alle Himmelsrichtungen der Insel.
www.tib.org

Roter Palma City Sightseeing Bus mit 18 Haltestellen an touristischen Punkten der Stadt; Linie 50.
www.city-ss.es
Tel. 902 101 081
Wir haben im Mai 2016 für ein 48-Stunden-Ticket 21,23 EUR pro Person beim Busfahrer bezahlt (2017: Tagesticket Bus 18,--, Boot im Hafen von Palma 12,--, Kombi-Ticket 28,--). Ticketkauf geht auch online mit Preisnachlass. Sie erhalten Ohrhörer, die Sie an Ihrem Sitzplatz einstöpseln können. Danach noch die Sprachauswahl treffen (5 für Deutsch) und los geht die geführte Tour. Sie können jederzeit an den Haltepunkten aus- und wieder zusteigen. Als Einstieg zum Kennenlernen der Stadt können wir dies unbedingt empfehlen!

Feiertage
1. Januar (Neujahr/Ano Nuevo), 6. Januar (Heilige Drei Könige/Los Reyes Magos), März/April (Karfreitag, Ostern

/Viernes Santo, Pascua), Mai/Juni (Fronleichnam/Corpus Cristi), 25. Juli (Jakobstag/Día de Santiago), 15. August (Maria Himmelfahrt/Asunción), 12. Oktober (Nationalfeiertag/Día de la Hispanidad), 1. November (Allerheiligen/Todos los Santos), 6. Dezember (Tag der Verfassung/Día de la Constitución immaculada), 8. Dezember (Maria Empfängnis/Concepción), 25./26. Dezember (Weihnachten/Navidad).

Feste
5. Januar, vergleichbar mit Heiligabend bei uns; alle Glocken läuten
16./17. Januar: Revetla de Sant Antoni Abad (Teufelsaustreibung mit Feuern mit Verhöhnung der Priester und Maskenumzug am Vorabend),
17. Januar: Ses Beneides (Segen) des Antonius für die Haustiere;
16. Juli: Nostra Senyora del Carmen / Virgen del Carmen (Schutzheilige der Fischer), Ehrung mit Schiffsprozessionen
16. August: Sant Roc
24. August: Sant Bartomeu

Fitness:
Mc Fit Gimnasio Mallorca-Centro
Av. de Portugal 7, 07012 Palma
Leicht zu finden, wenn man vom Paseo Marítimo startend zunächst auf der linken Seite (Calle de la Feixina) dem Fluss "Torrente Sa Riera" aufwärts folgt, ihn bei der ersten Brücke rechts überquert und dann auf der rechten Seite dem Fluss entlang (Passeig Mallorca) weiter aufwärts bis zur Av. de Portugal geht. Wer bereits in

Deutschland Mitglied ist, kann dort mit seiner Karte ganz normal einchecken.
Im Einkaufzentrum Porto Pí finden Sie „**ifitness+**" (www.ifitnessplus.com).
Elite Fitness
Avda. Joan Miró 334, San Agustí, Tel. 971 402 080

Frühstück in Cala Mayor
Gut und günstig:
Bar „Donde Marivent", Avda. Joan Miro 244, empfehlenswert: Bocadillo del día für 6,50 inkl. Kaffee und O-Saft

Galeria Frank Krüger
Costa d´en Brossa 3, 07001 Palma, Tel. +34 618 143 383, www.galeria-frankkrueger.com

Golf:
Es gibt noch mehr Golfplätze auf Mallorca; wir haben uns auf die Benennung der stadtnahen Plätze beschränkt.
1. Son Vida, Tel. 971 791 210, www.sonvidagolf.com
2. Son Mutaner, Tel. 971 783 030, www.sonmuntanergolf.com
3. Santa Ponsa 1, Tel. 971 690 211, www.habitatgolf.es
4. Poniente, Tel. 971 130 148, www.ponientegolf.com
5. Bendinat, Tel. 971 405 200, www.realgolbendinat.com
6. Son Termens, Tel. 971 617 862, www.golfsontermens.com
7. Andratx, Tel. 971 236 280,

www.golfdeandratx.com
8. Son Antem, Tel. 971 129 200, www.son-antem-golf.de

Gottesdienst:
Mehr Infos: www.kirche-balearen.de

Höhlen
Westlich von Palma im Ort Gènova an der Autobahn Richtung Andratx gibt es die „Coves de Gènova", kleine Tropfsteinhöhle mit Eingang im Terrassenbereich des Restaurants „La Cueva", Tel. 971 402 387, Eintritt 9,-- EUR

Hafenrundfahren
Gegenüber dem Veranstaltungskomplex „Auditorium" befindet sich der Anleger für Bootstouren, an dem mehrmals täglich 60-minütige Hafenrundfahrten mit schönem Blick auf die Stadt stattfinden.
Cruceros Marco Polo: www.crucerosmarcopolo.com, Tel. 647 843 667, Mo-Sa stündlich zwischen 11-16 Uhr, 12 EUR.
Reservierungen: reservas@crucerosmarcopolo.com; Sie können die Tickets aber auch im Büro direkt am Anleger erwerben. Die Durchsagen, in welchen Sprachen auch immer, durch den schnarrenden Lautsprecher versteht man nicht. Aber Palma vom Wasser aus zu sehen, lohnt sich trotzdem. An Bord gibt es eine kleine Bar und eine Toilette.

Kaffeespezialitäten
- Americano: Schwarzer Kaffee in einer größeren Tasse, ähnelt vom Koffeingehalt unserem Filterkaffee, ohne Milch;
- Bombón: besteht aus drei gleichgroßen Schichten, zuerst kommt die süße Kondensmilch, dann eine Schicht café solo und zuoberst heiße Milch, insgesamt sehr süß!
- Café con hielo: übersetzt „Kaffee mit Eis", aber nicht vergleichbar mit dem uns bekannten Eiskaffee (kalter Kaffee mit Vanilleeis), zum normalen heißen Kaffee gibt es ein Glas mit Eiswürfeln, die man in den Kaffee schüttet. Dadurch wird dieser auf einen Schlag abgekühlt. Zur Abrundung dieser „Erfrischung" gibt es auf Wunsch eine Zitronenscheibe hinein. Insgesamt sehr speziell für den deutschen Geschmack.
- Café con leche: zu einem kleinen schwarzen Kaffee wird mindestens die doppelte Menge heiße, aufgeschäumte Milch hinzugegeben. Unter Touristen die beliebteste Variante.
- Café solo: typischer Espresso, klein, stark, schwarz...wem das nicht stark genug ist, bestellt einen „solo doble";
- Carajillo: café solo mit einem Schuss Alkohol, üblicherweise Brandy, aber auf Wunsch auch mit Rum, Anislikör, Baileys oder Whiskey möglich.
- Cortado: café solo mit einem Drittel Milch (heiß, aufgeschäumt, ziemlich feste Konsistenz des Schaums).

Eher unüblich und meist nur in reinen, (deutsch-) touristischen Orten ist der uns bekannte Filterkaffee (café del filtro).

Konsulat in Palma:
Konsulat der Bundesrepublik Deutschland
C/ Porto Pi, 8, 3°-D, 07015 Palma de Mallorca
Tel. 971 707 737
info@palma-de-mallorca.diplo.de
Notfallnummer außerhalb Öffnungszeiten: 659 011 017
Konsulat Österreich
Avenida Jaume III 29, Tel. 971 425 146
Konsulat Schweiz
Carrer Antonio Martinez Fiol 6, Tel. 971 768 836
Krankenhaus
Hospital General
Pl. Hospital 3, Palma, Tel. 971 212 000

Krankenhaus Manacor
Notaufnahme, 24h geöffnet
Carretera Manacor - Alcúdia s/n. Manacor
Tel.: 971 84 70 00
Tel.: 971 84 70 60 (Notaufnahme direkt)
Dolmetscher vorhanden

Märkte
Zum einen gibt es in Palma mehrere tgl. geöffnete Markthallen sowie in der näheren Umgebung stattfindende Wochenmärkte.
Markthallen
Mercat d´Oliva
Mercat de Santa Catalina

Wochenmärkte
Dienstag: Paguera, S'Arenal
Mittwoch: Andratx
Samstag: Palma (Plaça Bisbe Berenguer de Palou, Öko-Markt), Santa Ponsa, Sóller
Sonntag: Valldemossa

Mietwagen
Sie sollten Ihren Mietwagen bereits von Zuhause aus buchen. Das ist billiger und Sie laufen nicht das Risiko, in der Hauptsaison möglicherweise vor Ort das gewünschte Auto nicht mehr anmieten zu können.
Vor Ort gibt es immer wieder "billige" Angebote, wobei jedoch der Zustand der Fahrzeuge sowie der Umfang des Versicherungsschutzes zu wünschen übriglassen. Daher empfehlen wir den deutschen Mietwagen-Makler **www.cardelmar.de**, der alle wichtigen Mietwagen-anbieter im Angebot hat. Sie können dort die Preise und Leistungen vergleichen. Insbesondere sollten Sie dabei auf die Bewertungen der Vormieter achten. Meist ist dort erkennbar, dass günstigere Vermieter oftmals größere Probleme bereiten können. Des Weiteren raten wir dringend dazu, einen umfangreichen Versicherungsschutz bereits in Deutschland zu buchen. Das erspart Ihnen in Spanien möglichen Ärger und schlaflose Nächte, insbesondere bei den Straßenverhältnissen sowie Fahr- und vor allen Dingen Einparkverhalten der Spanier.
Update 2021:
Leider hat der Autovermietungsmakler Cardelmar seinen Dienst nach 15 Jahren zum Ende des Jahres 2020 eingestellt. Daher haben wir bei unserer Reise nach

Spanien im Juli 2021 unseren Mietwagen über das Portal booking.com gebucht. Auch dort hat man die Auswahl unter verschiedenen Autovermietern. Wir haben uns für unseren Test für einen der größeren spanischen Anbieter entschieden. Wir haben über booking.com das vollumfassende Versicherungspaket gleich mitgebucht, also Vollkasko ohne Selbstbeteiligung. Um uns vor Ort mit der Autovermietung nicht auf die üblichen unnötigen Verkaufsgespräche über Zusatzversicherungen einlassen zu müssen, haben wir die spanischsprachige Buchungsbestätigung mitgenommen und auf dieser die entsprechenden Passagen über den bestehenden Versicherungsumfang mit Textmarker markiert. Dieses Mal wurden wir zwar nicht unter Druck gesetzt, zusätzlichen und damit doppelten Versicherungsschutz abzuschließen, aber er wurde uns untergejubelt! Leider erhält man in der heutigen, digitalen Zeit keinen Papierausdruck des Mietvertrages mehr ausgehändigt, sondern unterschreibt auf einem digitalen Display und erhält dann im Nachhinein das Vertragswerk per E-Mail zugesandt. Doch dann ist es, wie unserem Fall auch, bereits zu spät! Man ist für viel Geld doppelt versichert. Leider ist dieser Umgang mit Kunden typisch für Spanien. Andere Länder, andere Sitten!

Grundsätzlich bitte beachten: Gelber Strich am Straßenrand = Parken verboten, Blaue Striche = gegen Gebühr, Weißer Strich = freies Parken.

Öffentliche Toiletten

- In der Estació Intermodal gegenüber der Plaça de Espanya, Rolltreppe runter, dann links gegenüber EROSKI Markt

- Im kostenlosen Museum Fundació March, Sant Miquel 11 im 1. Stock, Nähe Plaça Mayor
Mo-Fr 10-18.30 h, Sa 10.30-14 h. Fragen Sie beim Pförtner am Eingang auf **keinen Fall** nach den Toiletten! Tun Sie so, als wollten Sie sich die Ausstellung im ersten Stock anschauen. Verbrennen Sie nicht diesen Geheimtipp durch unnützes Nachfragen!
- Im Parc de la Mar gegenüber der Kathedrale und direkt neben dem dortigen Lokal „The Guinness House" befinden sich öffentliche Toiletten. Eine kleine Spende für die dortige Reinigungskraft wäre nett.

Postamt
Correos
Constitució 6, in der Nähe vom Parlament und vom Passeig des Born; Mo-Fr 8.30-20.30, Sa 9.30-14 h.
Eine Postkarte nach Deutschland kostet über einen EUR! Die Briefkästen erkennt man an ihrer gelben Farbe (nicht verwechseln mit den ebenfalls gelben Briefkästen der Konkurrenz SWISS Post). In einigen Geschäften können Sie zu den Postkarten gleich die Marken dazu erwerben. Aber Vorsicht, meist sind dies keine Briefmarken der spanischen Post, sondern von Drittanbietern. Dann müssen Sie auch deren Briefkästen (meist gleich im Geschäft) benutzen. Es hapert aber manchmal mit der Zuverlässigkeit, wie Tests von uns ergeben haben. Also lieber gleich die spanische Original-Post in Anspruch nehmen. Die Geschäfte erheben unter Umständen einen auch einen Aufschlag auf das Briefporto.

Radio
Deutsches Radio:
95,8 Das Inselradio Mallorca
www.inselradio.com

Segway
C/ Jaume Ferrer 7, La Lonja, Palma; Innenstadt-Touren!
www.segwaypalma.com, Tel. 971 723 065

Supermärkte:
Carrefour: Im Einkaufzentrum Porto Pí ganz unten; dort gibt es auch die Drogerie Müller
www.eroski.es
Z.B.
In der Estació Intermodal, Rolltreppe runter, links
oder
C/ Joan Miró 334, San Agustin

LIDL
www.lidl.es
Leider meist nur in den Randgebieten und daher ohne Mietwagen schwierig zu erreichen. Gleiches gilt für ALDI.

Mercadona
Avda. Joan Miró 236, Cala Major, Tel. 971 405 642, oder in der Markthalle Mercat d´Oliva, 1. Stock

Tankstelle
Avda. de Gabriel Alomar i Villalonga (porta des camp), in der Straßenmitte

Avda. Joan Miró 240, Cala Major, BP-Tankstelle auf beiden Seiten der Straße

Taxi
Online-Bestellungen über: www.mallorca-taxi.com
Wir haben das Portal getestet: Der Fahrer kam pünktlich 10 Minuten vor der vereinbarten Zeit, der Fahrpreis wurde bereits im Vorwege online per Kreditkarte bezahlt (PAYPAL möglich!) und lag sogar geringfügig unter dem tatsächlichen Preis für eine ebenfalls absolvierte normale Vergleichsfahrt. Absolute Empfehlung, insbesondere, wenn man über keine Sprachkenntnisse verfügt, denn diese werden bei diesem Verfahren nicht benötigt! Halten Sie die Reservierungsnummer bereit. Am besten Drucken Sie diese am Schluss der Online-Buchung aus, um sie dem Fahrer vorlegen zu können.

Tierarzt
Euro Tierklinik, Tel. 971 441 213
C/Dragonera 3, 07600 Arenal
Ctra. Andratx 43/14, 07181 Portals Nous
Machen auf Anfrage auch Hausbesuche!
info@eurotierklinik.es

Touristeninformation
Hier gibt es Infos und Landkarten/Stadtpläne:
Direkt neben der Estació Intermodal an der Plaça d´Espanya (der unterirdischen Abfahrtstation für Busse und die Bahn nach Inca und Manacor) befindet sich die Touristeninformation.

Zahnarzt:
Arztzentrum Porto Pí mit deutschen Ärzten verschiedenster Fachrichtungen, an zwei Standorten:
C/ Porto Pi 8, Terminvergabe 971 707 055
Zahnarzt Dr. Frank Poblotzki, Notfall 650 757 312

Ärztehaus Palma:
Zahnarzt Dr. Klaus Overmann, Tel. 971 227 445
Calle Unió 9 (40 Meter rechts neben C&A), www.aerztehaus-palma.com

Notizen

Unser Reiseblog:
www.reise-blog-wahle.de

Weitere Reiseführer und andere Bücher aus unserem Angebot gibt es hier:
www.buch.guru

Sportratgeber von Stefan Wahle:

www.sw-sportbuch.de